Mängelexemplar

JUTTA WEBER-BOCK
WOLFGANG HAENLE

stunden mit uns selbst

LIEBESHAIKU IM DIALOG

Bibliografische Information der Deutschen Nationalbibliothek: Die Deutsche Nationalbibliothek verzeichnet diese Publikation in der Deutschen Nationalbibliografie; detaillierte bibliografische Daten sind im Internet über http://dnb.d-nb.de abrufbar.

Haiku und Fotos © 2025 Jutta Weber-Bock und Wolfgang Haenle
Schwarze Kraniche © Kolesnikov Vladimir
Kranich Rückseite © Marina Kutukova
Kraniche Vorderseite © Elena Akkurt
– alle Shutterstock

Satz- und Covergestaltung: Nancy Salchow
Druck und Distribution: BoD.de

ISBN 978-3-949029-40-0

Vorwort

In der heißen Phase des Kennenlernens haben wir uns in rund acht Wochen per Mail mehr als tausend Haiku geschrieben. Die Verse flogen im Wechselspiel zwischen uns hin und her, manchmal lagen Stunden dazwischen, oft aber auch nur Minuten oder Sekunden.

Entstanden ist EIN Werk, ohne dass wir darum wussten. Längst waren wir miteinander verstrickt, bevor es uns klar wurde. Es war die Kunst, die uns zusammengeführt hat, und von Anfang an haben die Verse nicht nur einem von uns gehört.

Für dieses Buch haben wir neunzig Liebeshaiku zusammengestellt, die nach achtzehn Jahren nun erwachsen geworden.

Jutta Weber-Bock   Wolfgang Haenle
kursive Schrift   gerade Schrift

Januar 2025

manchmal seh ich dich
hinter dem bildschirm lachen
möchte dich küssen

beim joggen im wald

lacht dein ja auf der brücke

und bleibt nah bei mir

hinter den wolken
der eiergesichtige mond
wir halten unser licht

so klar der morgen

ich stelle eine rose

ins offene fenster

händchen halten
wir verschränken die finger
kennen uns lange

deine umarmung
hüllt mich in einen kokon
unser winterwald

mein sonntag abend
stellt fragen ans orakel:
was machst du mit uns

ein kuss im mantel

dein arm um meiner schulter

wir sind zusammen

ich umarme dich
lass uns das glück versuchen
zusammen kochen

langsam verschleiert sich

das licht zum november

unsere wege nebelweiß

dein endloser kuss
licht in streifen geschnitten
wir sind gefangen

mein winterjasmin blüht

sonne macht den himmel weit

für deine lippen

heute baden wir heiß
in unseren bildern
dein ufer so fern

bin tropfen im wind

mit der zunge fängst du uns

lässt mich zerschmelzen

sonderzug ins glück
haben wir für uns gebucht
ohne rückfahrschein

ein päckchen für mich

an der schleife ein frosch

springt mir in den tag

du kochst einen tee
dein zauberspruch verhext mich
nun bin ich bei dir

zimmerspringbrunnen

plätschert durch die nackte nacht

riech dich noch immer

deine erste stunde lacht

meinen morgen weg

so früh schon schmetterlinge

küsse dir den nacken
du wartest auf meine worte
an deiner seite

ein neuer tag bringt mich
ein stückchen näher zu dir
dein duft auf der haut

komm lass dich fallen

die kirschblüte öffnet sich

frühling für uns

dein hüftschwung reicht

von dir zu mir durch die tür

tanzt rock and roll

nach der nacht mit dir

verziehen sich die nebel

frisch gewaschen die luft

meine nachtbilder
irren in den frühen tag
die sonne küsst dich

die seerose schwimmt

auf dem teich ein märchen

der reiher stelzt vom blatt

unsere augen

graben sich ineinander

es gibt kein halten mehr

dein kranich zieht

am herbsthimmel vorüber

sucht station bei mir

deine liebe zählt
mehr als zehn schlösser für uns
die ganze sonne

sehe dein gesicht

vertraut seit tausend jahren

die fältchen atmen

dein blühender mund
durch den meinen verschlossen
welch schöner stummfilm

tanze und springe

einem feuervogel gleich

dein atem in meinem ohr

an deinen knospen

morgens knabbern bis zur lust

sie reißt uns mit sich

ich bin schon bereit

spring kopfüber in deinen teich

du verse taucher

ich ergebe mich

dein kuss macht mich wehrlos

die skrupel schweigen

ich nehme die nacht

reibe uns damit ein

gemeinsamer traum

jetzt mit dir

unter der decke tanzen

schneeregen im mund

im fieber lieben wir

solange die zeit uns lässt

sind wir ein schatten

ein schäferstündchen
versuche dich zu vermessen
reibe bauch an bauch

auf meine zunge

dich legen und wild wiegen

die schneeflocke schmilzt

mein schneemann im gras
steht noch aufrecht und wartet
wir fließen zusammen

eisblumen in der sonne

deine hand ruft mich zu dir

ich schmelze für dich

dein blick neulich
hat mich umgehauen
schau deinem po nach

sonne im winterwald

dein strahlen in der luft

bleibt hängen am blatt

dein lachen im ohr

schmeckt süß nach den ganzen tag

brauch die zimtschnecke nicht

einen wilden schnee

unter den joggingschuhen

lege ich uns spuren

wir singen uns warm

ein schneechor in der wiese

du ziehst mich zu dir

schneeregen spuren

an der scheibe hängen küsse

ich bleibe bei dir

in einem foto

alle fesseln abwerfen

im mail verkehr mit dir

ein kinderbild von dir

ich erkenne dich wieder

warum erst jetzt

im fensterkreuz
die längste nacht für liebende
behält uns bei sich

ich versuche dich

streich dich pur mir auf das brot

welch honig schlecken

deine sehnsucht schreit
tag und nacht meinen namen
ich tanze für dich

rosen blühen auf

holen sich das erste licht

wir sind hüllenlos

ungemacht das bett
meine wohnung lebt wieder
hab dich erschnuppert

du stellst mein leben

auf den bauch und wir landen

mitten im frühling

ich zähle dich ab
unanständiges haiku
jetzt gehörst du mir

ziehe dein lachen

unter die decke zu mir

zwischen unsere haut

mein salamander
lebt im feuer und züngelt
nach deiner auster

wenn wir uns essen

quak nicht zu laut am morgen

unterwegs amseln

alte stichlerin

soll woanders verschnupfen

unser teich ist dicht

am wochenende

schneide ich mangold ohne dich

friere mich mit ein

sprich mir von liebe
unsere luft altert nicht
hühnersuppe tröstet

ich nehme unser licht

küsse dir die lider

schmecke das salz

verregneter tag

du verschläfst unseren morgen

dicht unter dem blatt

erstmal tee kochen

von deinem apfel essen

jetzt bin ich eva

schneeflocken tupfen

das müde gras zum harlekin

komm ins gemachte bett

stunden mit uns selbst

atme in deinen rücken

stehe hinter dir

dich mit strich und faden

verführen auf glattem parkett

ein tango für uns

ich fliege mit dir

in den tag in die stunde

einer umarmung

du bist der schatz

habe dich gefunden

mitten im vers

sehe dein lachen

früh morgens am mond kleben

mein grünfink trillert

wenn du auf mir liegst

drehen himmel und erde

sich ineinander

gebe mich gern nackt

die decke reicht für uns zwei

und unseren traum

dieser winterschlaf
wir vergessen uns bis morgen
will dein frühling sein

im herbst kirschblüten

öffnen sich im sturm

kitzeln katzen in mir

der frosch schaut dir zu
wie die perle heranwächst
und hüpft in den teich

zunge um zunge

rutscht die sonne ins zimmer

ich springe in dein herz

deine decke wärmt uns

in den montag morgen

einen kaffee lang

pech im spiel sagst du

welch ein glück in der liebe

der jackpot sind wir

mein mund züngelt nicht

um den heißen brei herum

will meinen nachtisch

sekt kühlt das fieber

die perlen auf zungen kuss

platzen an den spitzen

mein kleiner drache

mit funkelnden augen

auf dem weihnachtsmarkt

wie du mich anschaust

in deiner manteltasche

kann ich es fassen

wenn es der mond
nicht mehr aushält am himmel
kommt er voll in dir

kannst du sie ertragen

die starke frau neben dir

manches mal ist sie schwach

ich fange dich auf
halte dich in meinem arm
wir bauen ein iglu

gerne löffle ich mit dir

diese suppe aus

die wir eingebrockt

ich lade dich ein
lass uns baden ohne socken
und uns versuchen

schließe die tür auf

zwei zebras küssen im licht

du bist zu hause

Autoren

Wolfgang Haenle | Jutta Weber-Bock

Sie leben zusammen und schreiben auch miteinander. Die Schriftstellerin Jutta Weber-Bock und der Lyriker Wolfgang Haenle sind ein Künstler-Paar. *Ihr Motto: Glück ist das einzige, das sich verdoppelt, wenn man es teilt.* (Albert Schweitzer)

Wolfgang Haenle wurde 1945 auf der Durchreise in Altötting evangelisch geboren. Er ist in Göppingen aufgewachsen, hat Maschinenbau und technische Fotografie in Stuttgart studiert. Schreibt Gedichte und Kurzprosa, fotografiert Landschaften, People, Städte und erstellt Künstler-Live-Porträts. Zahlreiche Fotoausstellungen, u. a. für den SWR und in der Gedok Stuttgart. Mitglied im BVjA. Vier eigene Lyrikbände. 2024 Klimagedichte: *morgen früh kaufen wir das haus den fischen ab.*
https://wolfgang-haenle.de

Jutta Weber-Bock wurde 1957 in Melle geboren und ist dort aufgewachsen. Seit über 30 Jahren ist sie Schriftstellerin und Schreibcoach. Lehraufträge für kreatives und literarisches Schreiben. 1983 kam sie mit einer Liebe nach Stuttgart und ist aus Liebe zur Stadt geblieben. Sie schreibt Erzählungen, Romane, Sachbücher und Gedichte. Mitglied in der Deutschen Haiku-Gesellschaft. Veröffentlichung von Gedichten und Haiku in Anthologien. Zuletzt: Poesie Agenda 2025 und Schlafende Hunde IX, Politische Gedichte 2024. https://weber-bock.de